100 FRENCH WORDS FOR KIDS
IN PICTURES

Contributions by

O. BLANC

Some pictures used in this book were modified from public domain
and/or creative commons

Reference:

Google Translate, https//translate.google.com
Word Reference, https://www.wordreference.com/

Learn more at: www.lingohum.com

DEDICATION

This book is dedicated to all our lingohum parents.

[1] Chauve Souris

[2] Poulet

[3] Girafe

[4] Chien

^[5] **Lézard**

^[7] **Serpent**

^[6] **Poisson**

^[8] **Souris**

[9] Éléphant

[11] Chèvre

[10] Cheval

[12] Oiseau

[13] Lion

[15] Vache

[14] Papillon

[16] Singe

[17] Chat

[18] crocodile

[19] Grenouille

[20] Canard

[21] Maïs

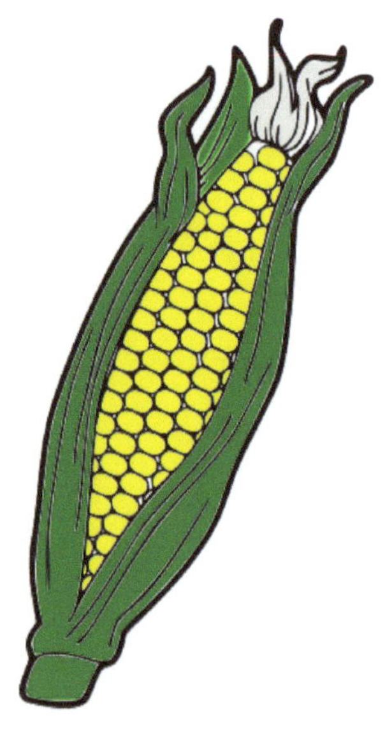

[23] Laitue

[22] Poivron

[24] Cacahuète

[25] Haricot

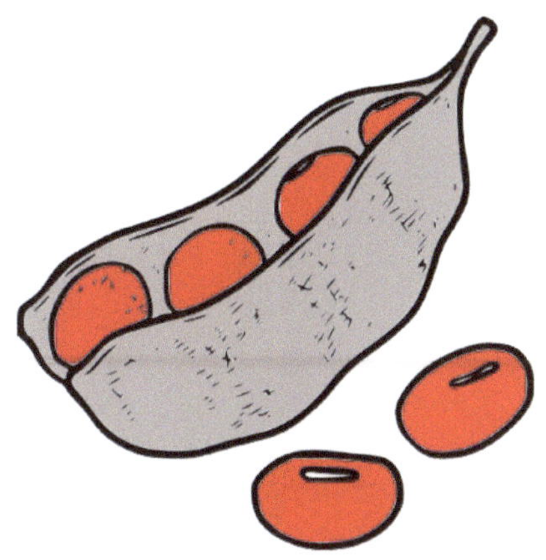

[27] Banane

[26] Œuf

[28] Orange

[29] Blanc

[31] Rouge

[30] Noir

[32] Arc-en-ciel

[33] Assiette

[35] Baignoire

[34] Horloge

[36] Fenêtre

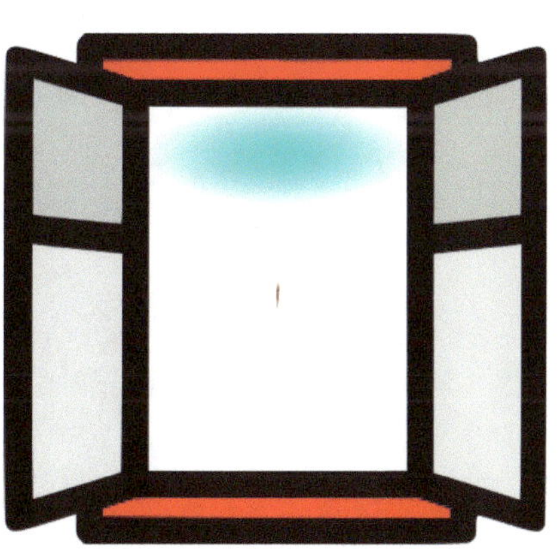

[37] Lit

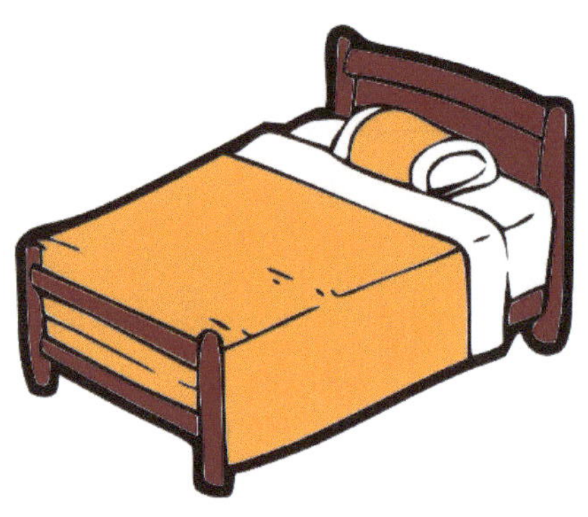

[39] Maison

[38] Chaise

[40] Porte

[41] Balai

[43] Argent

[42] Couteau

[44] Cuillère

[45] Chaussure

[47] Chapeau

[46] Robe

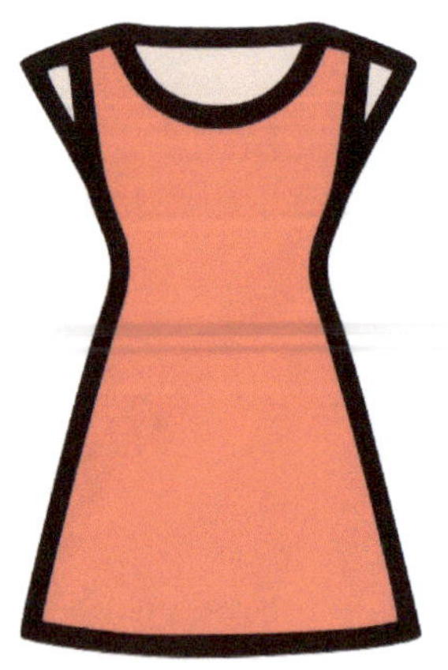

[48] Pantalon

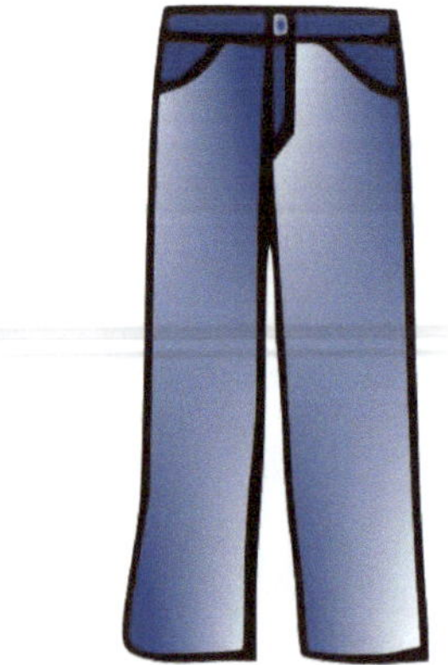

[49] Terre

[51] Feu

[50] Arbre

[52] Étoile

[53] Sable

[55] Rivière

[54] Herbe

[56] Fleur

[57] Ferme

[59] Pierre

[58] Mer

[60] Route

[61] Soleil

[62] Lune

[63] Marché

[64] Terrain de jeu

[65] Hôpital

[67] École

[66] Usine

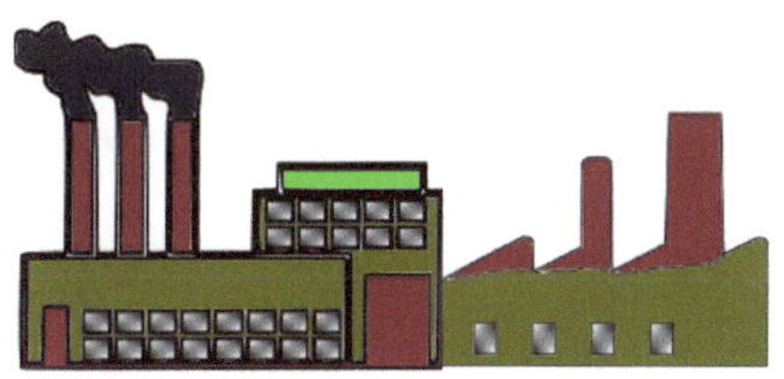

[68] Voiture

[69] Avion

[71] Père

[70] Bateau

[72] Mère

[73] Enfant

[75] Pasteur

[74] Fermier

[76] Homme d'affaire

[77] Police

[78] Professuer

[79] Médecin

[80] Pompier

[81] Tête

[83] Nez

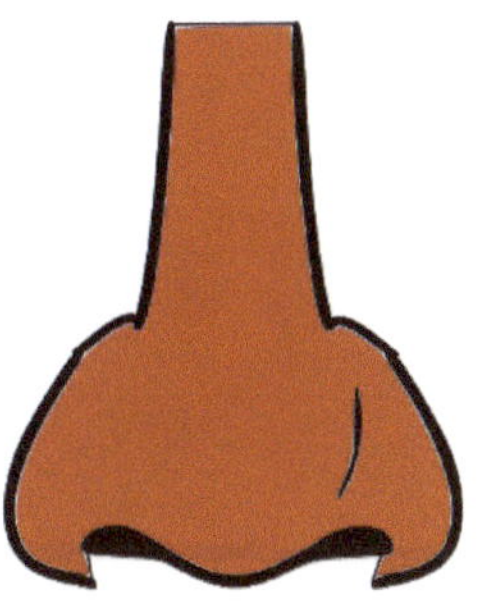

[82] Bouche

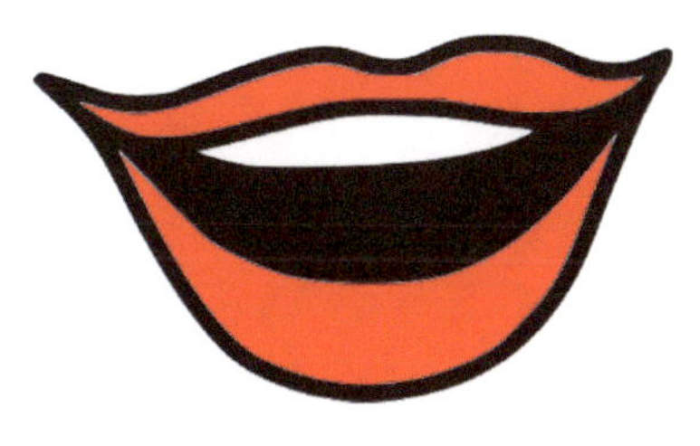

[84] Oreille

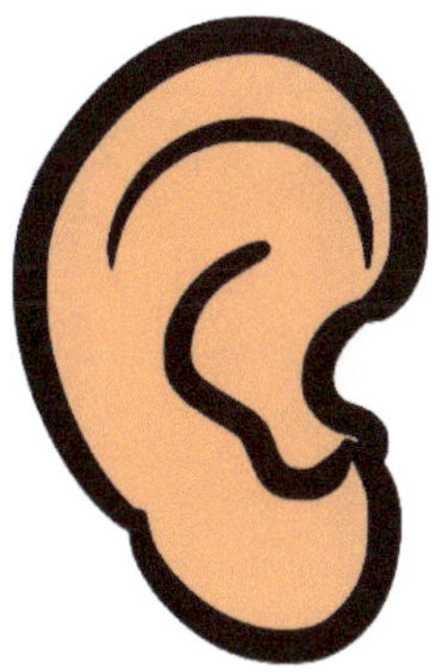

[85] Œil

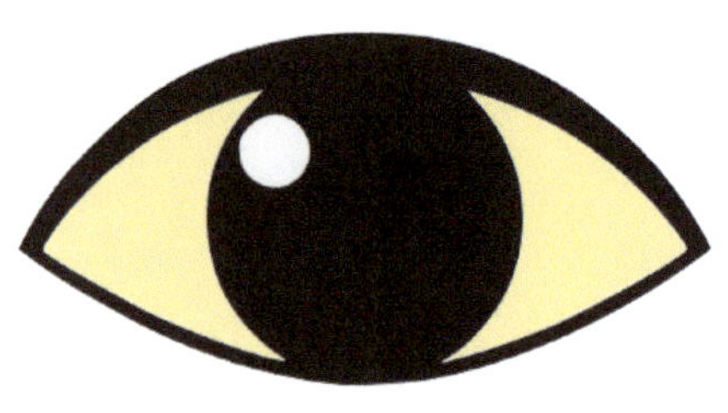

[87] Main

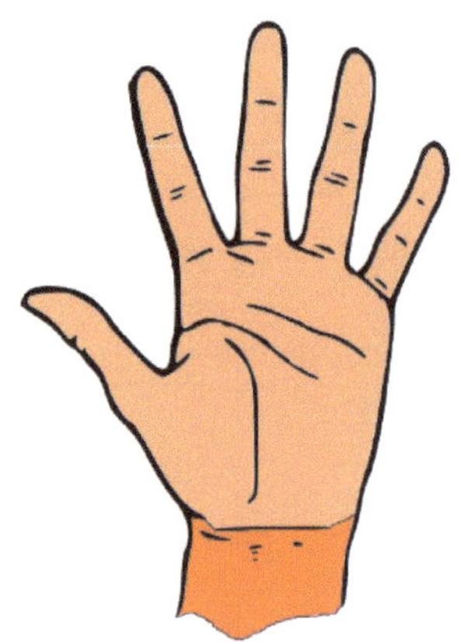

[86] Cou

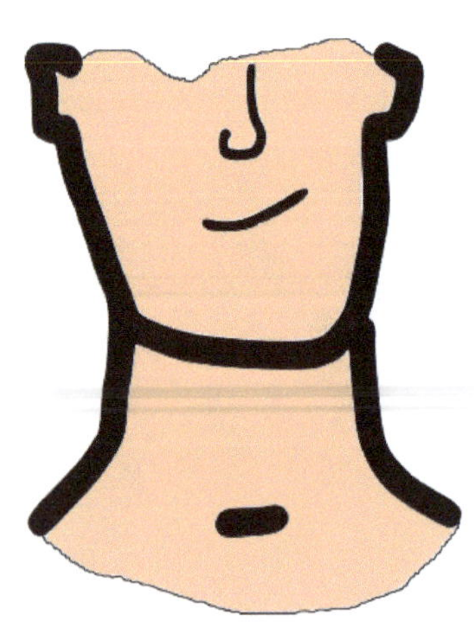

[88] Jambe

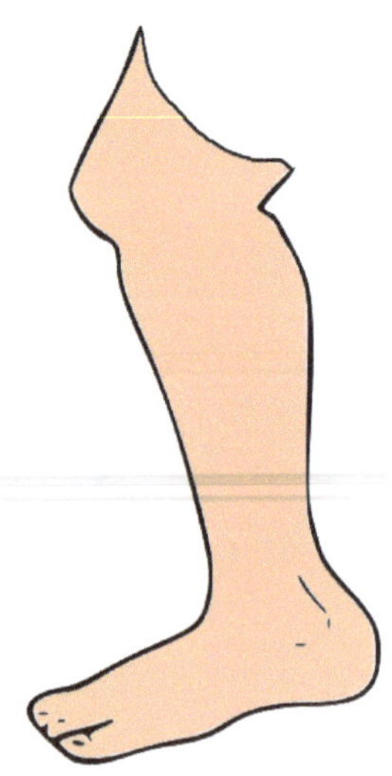

[89] Dos

[91] Un

[90] Ventre

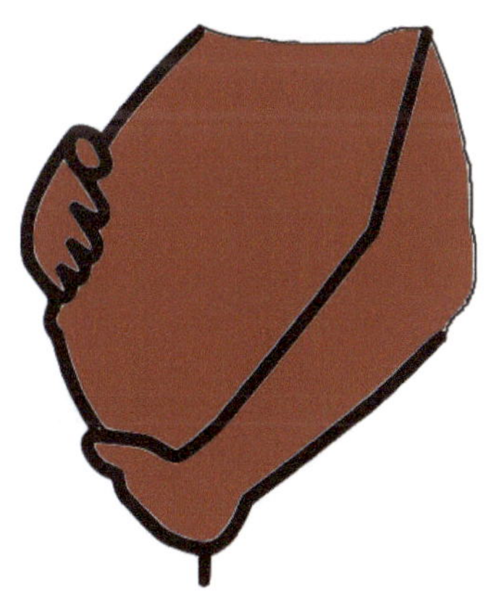

[92] Deux

[95] Cinq

[96] Six

[97] Sept

[99] Neuf

[98] Huit

[100] Dix

Learn more at

www.lingohum.com

Early Language Learning Program for Kids ages 2 - 8 years